Das vergessene Himmelblau

HILDE BENSING – MARIANNE DRECHSEL

DAS VERGESSENE HIMMELBLAU

EINE HASENGESCHICHTE

Weltbild

Die Wiese liegt in tiefer Ruh',
warm deckt der weiße Schnee sie zu,
bis dann der Frühling kommt und lacht
und alles wieder froh erwacht.

Schneeglöckchen kann darauf nicht warten,
es steckt den Blütenkopf, den zarten,
schon heute aus dem Schnee heraus,
schaut nach der lieben Sonne aus.

Gern würde es noch länger ruh'n,
Schneeglöckchen aber hat zu tun,
es muss beim ersten Frühlingsahnen
die Hasen an die Arbeit mahnen.

Mit seinem Läuten hell und klar
ruft Schneeglöckchen in jedem Jahr
hinüber zu dem nahen Wald:
»Wacht auf, denn Ostern ist es bald!«

Der Winter macht sich einen Spaß,
was kümmert ihn der Osterhas'?
Er will die kleinen Blümchen necken
und stürmt daher, dass sie erschrecken.

Sie ducken ihre Köpfchen nieder
und ihre Glöckchen schweigen wieder.
Der kalte Winter lacht sie aus,
dann aber geht er doch nach Haus.

Die Blümlein wagen sich hervor,
erst einzeln, dann im ganzen Chor
ertönt's: »Ihr Hasen, seid bereit,
es naht die frohe Osterzeit!«

Gleich ist Herr Lampe aufgewacht,
und nun, aus seiner Ruh' gebracht,
hat er zum Fenster hingeschaut.
»Was ist denn das?«, so ruft er laut.

»Ist es denn wirklich schon so weit?
Ach, wir verschliefen wohl die Zeit!
Man rüstet sich schon zu der Feier,
und wer sorgt für die Ostereier?

So spät erklang das Läuten selten,
ich werde mit den Blümlein schelten!«
Frau Lampe mahnt: »Geduld, Geduld,
da hat gewiss der Winter Schuld,

er hat so spät noch arg geblasen!
Doch nun beeilt euch, Osterhasen,
kein Hasenkind darf länger träumen;
wir dürfen keine Zeit versäumen.

Wenn wir jetzt alle fleißig sind,
bekommt doch jedes brave Kind
von uns ein hübsches, volles Nest
zum wunderschönen Osterfest.«

Die Hasenkinder machen schnell,
bald sind sie alle froh zur Stell',
sie suchen ihre Siebensachen,
um an die Arbeit sich zu machen.

Sie brauchen vielerlei dafür
und tragen alles vor die Tür,
und schon nach einer kurzen Zeit
ist dort der Arbeitsplatz bereit.

Herr Lampe schaut durch seine Brille,
es herrscht jetzt aufmerksame Stille,
die Hasenkinder stören nicht,
weil Vater Lampe ernsthaft spricht:

»Samtohr, du musst zum Dachsbau laufen,
um neue Pinsel einzukaufen.
Der Dachshaarpinsel ist der beste,
wir brauchen ihn noch vor dem Feste.

Du, Zitternäs'chen wäschst am Bach
die alten Pinsel aus dem Fach.
Stups muss auf leisen Hasensohlen
die Eier von den Hühnern holen.

Hier ist vom großen Baum der Schlüssel.
Schubkarre, Kiepe, Korb und Schüssel,
die findest du sogleich darin.
Lauf' auch einmal zum Kiebitz hin,

der liefert oft recht gute Sachen,
die unsern Kindern Freude machen.
Langlöffel, komm' mal her, mein Sohn,
du musst, das weißt du ja nun schon,

in jedem Jahr zum Frühling eilen,
du darfst nicht lange dort verweilen.
Nimm alle Farbennäpfe mit
und lauf' mit schnellem Hasenschritt

zu meinem guten Freunde hin,
sag', dass ich sehr in Eile bin,
die schönsten Farben von der Welt
hat er für mich bereitgestellt.«

Langlöffel gibt die Hasenpfote:
»Papa, ich folge dem Gebote«,
so spricht der junge Hasenjunge,
und dann ist er schon auf dem Sprunge,

eilt durch das Tal, so schnell er kann,
steigt über sieben Berge dann,
rennt links durch Wiesen, rechts durch Wald,
und dann ist er am Ziele bald.

Die Sonne scheint so hell und klar,
der Frühling wohnt hier Jahr um Jahr,
»Langlöffel, komm'«, so spricht er nun,
»jetzt musst du erst ein Weilchen ruh'n.«

»Nein«, sagt das brave Hasenkind,
»ich muss zurück, und zwar geschwind.
Aufregung herrscht im Osterwald,
ach, gib mir nur die Farben bald!«

Aus vielen zarten Blumenköpfchen
Wählt sich Langlöffel nun ein Tröpfchen,
um Ostereier anzumalen.
Er braucht nicht einmal zu bezahlen.

Schnell packt Langlöffel alles ein,
er muss doch bald zu Hause sein!
Er dankt dem holden Frühlingskind,
dann eilt er ebenso geschwind,

wie er gekommen ist, zurück.
»Du bist schon da? Oh welch ein Glück,
seht alle her, da ist er schon«,
so grüßt Herr Lampe seinen Sohn.

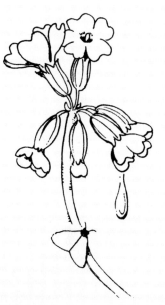

Herr Lampe schaut die Farben an.
»Was ist denn das?« so ruft er dann,
soeben hat er noch geschmunzelt,
doch jetzt ist seine Stirn gerunzelt.

»Langlöffel, komm' doch einmal her,
der eine Farbentopf ist leer,
es fehlt, ich prüfte es genau,
die Lieblingsfarbe: Himmelblau!

Hast du sie unterwegs verloren?«
Langlöffel hängt die Hasenohren:
»Ach, ich vergaß sie aus Versehen,
ich glaub', nur so ist es geschehen!

Ich war doch voller Ungeduld,
und deshalb habe ich die Schuld!«
»Gewiss, du warst recht abgehetzt,
jedoch was machen wir denn jetzt?

Ihr wisst doch alle ganz genau,
ich brauche doch das Himmelblau!«,
so spricht der arme Osterhase
und reibt verzweifelt seine Nase.

Langlöffel ruft: »Ich habe Mut,
es wird schon alles wieder gut,
ich will den Frühling suchen gehen,
ich finde ihn, ihr werdet's sehen.

Er zog zwar schon ins Land hinein,
mit Blumen und mit Sonnenschein,
und doch, ich weiß es ganz genau,
bald bring' ich euch das Himmelblau!«

Langlöffel eilt durch Feld und Flur,
wo findet er den Frühling nur?
Bei jedem Käfer bleibt er stehen.
»Hast du den Frühling nicht gesehen?«

»Er war schon hier, ist wieder fort,
es grünt und blüht an jedem Ort«,
so wird als Antwort ihm gesagt,
wo er auch nach dem Frühling fragt.

Der Vöglein Lied mit frohem Schall
klingt hier und dort und überall,
tönt nah und fern und weit und breit:
»Wie schön ist doch die Frühlingszeit!«

Das Bächlein rauscht, die Blumen blüh'n,
die Bäume und das Gras sind grün,
Langlöffel sieht das alles nicht,
er macht ein trauriges Gesicht.

›Oh ja, es ist jetzt schön auf Erden,
es muss doch aber Ostern werden,
was sollen denn die Kinder denken,
wenn wir nicht bald die Eier schenken?‹

So grübelt er voll schwerer Sorgen,
dann schläft er bis zum andern Morgen,
weil er doch schon so lange lief,
in einem Graben, fest und tief.

Gestärkt ist er dann aufgewacht,
und plötzlich hat er sich gedacht:
›Ich laufe in das stille Tal
und such' den Frühling dort einmal!‹

Was sieht der kleine Osterhase?
Wer sitzt im grünen, frischen Grase,
umfächelt von dem sanften Wind?
Das liebe, kleine Frühlingskind!

Langlöffel schlägt, man glaubt es kaum,
vor Freude einen Purzelbaum.
Dann ruft er: »Hilf mir aus der Not,
das Osterfest ist sonst bedroht,

das Unglück ist kaum zu ermessen,
ich habe Himmelblau vergessen!
Hast du ein Blümlein noch bei dir?
Du lieber Frühling, gib es mir!«

Der Frühling spricht: »Du kommst erst heut?
Jetzt hab' ich alles schon verstreut.
Das grüne Pflänzchen hier allein,
das kann noch deine Rettung sein!«

Er hat's begossen und gestreichelt,
»So wach doch auf«, hat er geschmeichelt,
und hat das Pflänzchen angelacht,
da hat's die Äuglein aufgemacht.

Zwei Sternchen, strahlend himmelblau!
Der Frühling sagt: »Langlöffel, schau,
es neigt das zarte Blütenköpfchen
und schenkt dir gern ein kleines Tröpfchen.«

Wie glücklich ist der Hasenbote,
voll Dankbarkeit gibt er die Pfote,
Das Hasenherz ist ihm nun leicht,
bald ist der Osterwald erreicht.

Die Hasen fragen sich seit Stunden:
›Hat er den Frühling wohl gefunden?‹
Sie wissen alle ganz genau:
Kein Fest gibt's ohne Himmelblau!

Da kommt Langlöffel angeholpert,
er rennt so schnell, dass er fast stolpert,
»Ich hab's, ich hab's, es ist schon hier,
der liebe Frühling gab es mir!«

So ruft er laut, und alles lacht,
und dann wird aber fix gemacht.
Die Farben werden gut verrührt,
die Pinsel voller Fleiß geführt.

Die Arbeit geht sehr flott voran,
ein jeder zeigt jetzt, was er kann.
Frau Lampe ruft: »Das ist doch toll,
die Kiepen sind ja schon fast voll.

Fein habt ihr alles angemalt!«
Die Osterhasenmutti strahlt.
Es freut sich jedes Hasenkind,
weil nun die Eier fertig sind.

Wie sie nun da im Grase hocken,
da läuten schon die Osterglocken:
»Ihr Hasen, macht euch jetzt bereit,
versteckt die Eier, es ist Zeit!«

»Na, Jungens, macht euch auf die Socken,
die Ostereier sind ja trocken«,
sagt Vater Lampe frohgemut.
Ein Glück! Es ging noch alles gut!

Dann haben sich in klarer Nacht
die Hasen auf den Weg gemacht,
ganz leis', dass man sie nicht entdeckt,
wird jedes bunte Ei versteckt.

Eins unterm Baum, eins an dem Busch,
eins tief im Gras, und dann – husch, husch,
nur fort, gleich sind die Kinder da,
und überall, von fern und nah

hört man sie jubeln, staunen, lachen,
sie finden all' die leckern Sachen.
»Hier liegt noch eins, und da und dort«,
so rufen sie nun immerfort.

»Seht nur, das himmelblaue hier
gefällt am allerbesten mir«,
so sagt vergnügt die blonde Liese
und springt und tanzt auf grüner Wiese.

Dann ruft sie laut zum nahen Wald,
dass es zum Vater Lampe schallt:
»Herr Has', die Eier sind ganz prächtig,
wir danken dir, und freu'n uns mächtig!«

Der hellen Stimme froher Ton
ist Vater Lampes schönster Lohn.
»Das Osterfest ist gut gelungen«,
berichten auch die Hasenjungen.

Dann sind sie müde, geh'n zur Ruh'
und schließen ihre Augen zu.
So schlafen sie, warm zugedeckt,
bis Schneeglöckchen sie wieder weckt.

Wer hat den Frühling wohl belauscht
und die Geschichte ausgeplauscht?
Das war gewiss der sanfte Wind,
der fand ein braves Sonntagskind

und säuselte: »Nun hör' mal an,
was alles so geschehen kann:
Fast gab es keine bunten Eier
In diesem Jahr zur Osterfeier.

Doch dann berichtet er genau
von dem vergess'nen Himmelblau.
Er sagt: »Der Frühling hat gelacht,
da ist das Blümlein aufgewacht!«

Das kleine Mädchen ruft erfreut:
»Ach, so ein Blümlein fand ich heut',
am Bach, da stehen sie ganz dicht,
nun nenn' ich sie Vergissmeinnicht!«

Genehmigte Lizenzausgabe für
Verlagsgruppe Weltbild GmbH,
Steinerne Furt, 86167 Augsburg
Copyright © by Rainer G. Flechsig
Unveränderter Nachdruck der Ausgabe des
Walter Flechsig Verlags, Dresden, um 1935
Umschlagmotiv: Marianne Drechsel
Gesamtherstellung: Offizin Andersen Nexö Leipzig GmbH,
Spenglerallee 26–30, 04442 Zwenkau

Printed in Germany

ISBN 3-8289-6023-5

2008   2007   2006   2005

Die letzte Jahreszahl gibt die aktuelle Lizenzausgabe an.

Alle Rechte vorbehalten.

Einkaufen im Internet: *www.weltbild.de*